EXAMEN

D'UN PAMPHLET.

EXAMEN

D'UN PAMPHLET,

AYANT POUR TITRE :

ESSAI

SUR LES CAUSES DE LA RÉVOLUTION ET DES GUERRES
CIVILES D'HAÏTI, ETC. ;

PAR **M. COLOMBEL**,

Secrétaire Particulier de S. Ex. le Président d'Haïti.

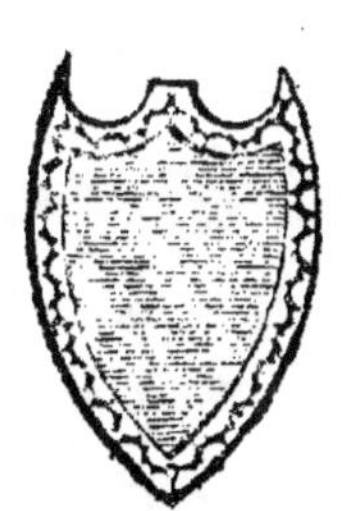

IMPRIME AU PORT-AU-PRINCE.

Novembre 1819.

AVANT-PROPOS.

Le titre seul de cet opuscule en indique assez la nature et le but. Nous l'offrons à nos concitoyens avec toute la défiance que nous inspire la faiblesse de nos moyens et en même temps avec toute la confiance que nous inspire leur bienveillance. Nous ne chercherons point à nous justifier de la témérité que nous avons eue d'entreprendre la réfutation sommaire d'un ouvrage volumineux que vient de publier un de nos plus implacables ennemis et un des plus fougueux détracteurs de notre Gouvernement et de nos institutions. Cette réfutation complète, et comme se propose de la faire notre compatriote Milscent, est sans doute beaucoup au-dessus de nos forces. Le travail que nous présentons aujourd'hui au public n'en est en quelque sorte que l'ébauche, et ne doit être considéré que comme l'œuvre du sentiment et non comme celle de l'esprit. Si l'on trouve que nous n'avons pas réussi à atteindre le but que nous nous sommes proposé, notre excuse est dans les motifs qui nous ont fait prendre la plume, et nous espérons qu'en faveur de ces mêmes motifs et en considération de la rapidité avec laquelle nous avons fait cet écrit (1), nos lecteurs voudront bien nous

---

(1) Pour ne pas manquer l'à-propos nous n'avons consacré que quelques jours à sa rédaction.

accorder l'indulgence que nous réclamons.

Que si, malgré la déclaration franche que nous faisons ici de notre sentiment sur cette faible production, quelque censeur chagrin, détracteur par inclination et par habitude, se plaisait à la critiquer sous le rapport littéraire, il en est le maître; nous l'abandonnons volontiers à toute la sévérité de la critique; mais si cette même critique, envieuse sans raison, s'attachait à pervertir nos intentions, à calomnier nos principes, nous déclarons aussi que nous saurons bien démasquer les vues et les desseins secrets qui la feraient agir. Notre religion est celle de l'honneur et de la foi des sermens. Nous nous sommes dévoués à une cause, non parce qu'elle nous a offert tels et tels avantages personnels, mais parce qu'elle nous a paru être celle de la justice et de l'équité, et nous ne craignons point qu'en scrutant notre conduite passée on trouve de la dissonnance entre nos principes d'autrefois et ceux d'aujourd'hui. C'est tout ce que nous avons à dire sur ce point. Il nous en reste un autre sur lequel nous devons une petite explication à nos lecteurs, ou pour mieux dire sur lequel nous devons nous justifier. On trouvera peut-être que nous avons observé peu de ménagement dans notre réplique à M. Vastey, et que certaines de nos expressions dépassent les limites des convenances. Nous avouons que nous n'avons pas toujours mis toute la modération que l'on a droit d'attendre de quelqu'un qui défend une cause aussi juste et aussi bonne que la nôtre ; mais nous était-il possible de conserver quelques égards envers un écrivain qui les foule tous aux pieds ; qui ne garde aucune mesure, aucune retenue, aucune circonspection ; qui se méprise assez pour s'abandonner à toute la fougue de ses passions, à tout l'emportement de son animosité ; qui se répand en injures grossières, en calomnies odieuses contre des personnes dont la réputation est fondée sur l'estime de leurs concitoyens ; qui outrage, avec une impudence sans exemple, le gouvernement qui nous protège et les institutions qui nous garantissent la jouissance de nos droits ; qui, en un mot, ose, avec une sacrilège audace, troubler la cendre de l'homme qui fut cher à tant de titres aux Haïtiens et au souvenir duquel ils font éclater la plus profonde vénération comme la plus vive gratitude ?

Si M. Vastey ne s'était attaché qu'à dénigrer notre personne, nous eussions peut-être gardé le silence, parce que nous l'eussions assez méprisé pour ne pas lui répondre ; mais il a osé attaquer les principes sur lesquels repose notre pacte social ; il a osé fronder les doctrines que nous chérissons et que tout ami de l'humanité et de la raison vénère ; il a osé profaner la mémoire du sauveur de notre patrie, de l'homme juste dont la vie entière n'a été remplie que par les actions iv

les plus honorables. Pouvions-nous rester im-
passibles ? Pouvions-nous entendre blasphêmer
cet énergumène sans éprouver une profonde
indignation ? Ce sentiment nous a presque toujours dominé dans le cours de notre réplique, et
comment nos expressions ne s'en seraient-elles
pas ressenties ? Nous ne doutons pas que
notre juste indignation ne soit partagée par
tous nos compatriotes, et c'est dans cette
conviction que nous espérons qu'ils voudront
bien ne pas nous juger avec trop de sévérité.

EXAMEN

D'un Pamphlet de M. le Baron VASTEY, Maréchal de Camp, Chancelier, Membre du Conseil privé, etc.;

AYANT POUR TITRE :

ESSAI

Sur les causes de la Révolution et des Guerres civiles d'Haïti, etc., etc.

Eos qui malè agunt, solet pœnitere.

LA verve du noble Baron Vastey ne se refroidit pas. L'âge, qui d'ordinaire paralyse les ressorts de l'imagination et émousse l'esprit chez le commun des hommes, semble chez lui au contraire ranimer les feux du génie et donner plus d'activité à ses facultés intellectuelles. Il vient de donner une nouvelle preuve de l'étonnante fécondité de sa plume et de son intarissable loquacité. En possession, presque exclusive, depuis long-temps de faire gémir les presses du Cap par de modestes brochures, que le même jour voit naître et mourir, il se présente aujourd'hui armé d'un gros *in-Octavo*, destiné à faire retentir dans l'univers entier les trompettes de la renommée, à donner à son nom une place au Temple de l'Immortalité et à lui assurer le Sceptre de l'Opinion en Haïti. Fort de la puissance de cette Reine du monde, il s'élance de nouveau, et avec une nouvelle ardeur, dans l'arène, la démarche fière, l'œil hagard, semblable à ces preux Chevaliers du temps passé qui, revêtus de leur formidable armure, s'avançaient d'un pied ferme pour se mesurer avec l'ennemi et le pourfendre sans miséricorde. M. Vastey n'est assurément point un homme ordinaire, un adversaire à dédaigner : si ce n'est pas tout-à-fait un prodige de génie, un de ces êtres privilégiés dont la nature est si avare, c'est du moins un esprit d'un ordre très-élevé ; et on doit lui savoir gré de ce qu'il veut bien, des hautes régions où son génie plane, abaisser ses regards jusqu'à nous, chétifs mortels que nous sommes, et nous révéler le secret de sa science infuse. Personne, sans doute, n'a encore perdu le souvenir des prodigieux efforts d'imagination que M. le Baron Vastey a faits pour l'illustration et la plus grande gloire du *grand homme* à la destinée duquel il s'est voué : personne n'a encore oublié, sans doute, qu'il y a environ quinze mois, le noble Baron daigna sortir du tourbillon de gloire qui l'environne et s'humaniser au point d'écrire de sa propre main des lettres à quelques Citoyens de la République, pour leur témoigner, avec une touchante émotion, combien son cœur était affligé de l'état d'égarement dans lequel nous sommes plongés, et combien il désirerait et serait heureux de nous voir abjurer nos erreurs et nous jeter avec confiance dans les bras paternels et miséricordieux de *sa gracieuse Majesté Henry Ier*. A entendre M. le Baron Vastey, rien n'était facile comme d'opérer la fusion des deux partis qui divisent le peuple haïtien, de prendre un mezzo-termine et de concilier les intérêts de tous. Pour cela il ne s'agissait, de notre côté, que de renoncer à nos affections les plus chères, à nos droits les plus sacrés, et à la liberté que nous idolâtrons ; et tout devait s'arranger pour le mieux, sans secousse, sans froissement. En faisant le léger sacrifice de toutes ces bagatelles sa *Bénigne Majesté* aurait bien voulu oublier tous les outrages que nous lui avons faits, tous les torts que nous avons envers elle : elle aurait daigné nous admettre au nombre de ses enfans *soumis* et aurait satisfait à la sensibilité naturelle de son cœur en ne s'occupant plus que de notre bonheur et du soin de nous faire goûter toutes les félicités humaines. Telles étaient les touchantes et pacifiques propositions que M. Vastey était autorisé à nous faire. Ces propositions généreuses, qui devaient remplir nos âmes de joie et nous faciliter les moyens de sortir, sans faire pénitence, de la voie de perdition où notre aveuglement nous a entraînés, n'ont point produit l'effet que le noble Baron en attendait. Nous avons été sourds à la voix de la plus fervente amitié ; nous avons été insensibles aux inspirations de la grâce : enfin nous avons eu la maladresse, tant est grand notre endurcissement, de refuser les avantages inappréciables qu'un père de bonté nous offrait dans sa miséricorde ; nous avons eu même l'impertinence, en refusant ces avantages, qui devaient être la source de toutes nos félicités d'ici-bas, de dire franchement et *librement* notre pensée à ce bon père qui ne cesse de gémir sur notre égarement. Notre franchise a déplu à M. le Baron : la crainte de nous voir mourir dans l'impénitence finale l'a saintement mis en colère, l'a courroucé contre nous ; et son âme qui, à l'époque dont nous parlons, n'était accessible qu'aux plus doux penchans de la bienveillance, ne l'est plus aujourd'hui qu'aux inspirations de la haine et de la vengeance. Au plus vif et plus tendre intérêt a succédé la plus farouche animosité. Comme les choses de ce monde sont vaines et fugitives !.... Comme elles ont peu de stabilité !.... Quinze mois se sont à peine écoulés depuis que M. Vastey nous portait des paroles de paix, et aujourd'hui il sonne le tocsin, il sonne la charge contre nous. Après nous avoir offert d'une main l'olivier de la paix, il agite de l'autre le brandon de la guerre. Embrasé du génie de la discorde, enflammé d'une ardeur martiale, saisi d'un noble enthousiasme, d'un pieux zèle pour la sainte cause à la défense de laquelle son instinct naturel l'appèle, il nous jette le gant ; il nous menace ; il nous provoque au combat,

(4)

et nous fait une déclaration formelle de guerre ; et
quelle espèce de guerre, bon Dieu ! une guerre de
plume, qu'il veut nous faire à outrance, dans laquelle
il ne nous fera pas de quartier, ne nous laissera même
pas respirer. Le noble Baron, comme on voit, a
le sentiment de ses forces et une bien grande
confiance dans les hautes conceptions de son génie ;
il compte beaucoup sur sa supériorité. Quelque iné-
gales que soient les armes, il n'y a pas moyen de re-
culer ; il faut bien accepter le défi de ce fameux et
redoutable champion, dussions-nous d'abord essuyer
le feu de toutes ses batteries et être réduits en pou-
dre ; dussions-nous même être condamnés à relire tous
ses écrits. Mais telles ne sont point nos craintes ; nous
redoutons, il est vrai, la lecture des chefs-d'œuvre de
M. Vasley, et plus, sans doute, qu'il nous serait possible de l'exprimer, mais nous ne redoutons nullement
les embûches qu'il nous tend et les armes avec lesquelles
il prétend nous combattre. Soutenus par la justice et
la bonté de notre cause, par la droiture de nos intentions, l'inflexibilité de nos principes, pour tout
dire, soutenus par la vérité, qui est notre plus puis-
sant auxiliaire, et qui, tôt ou tard, triomphe de l'er-
reur et de l'imposture, nous osons, sans trop de pré-
somption, nous flatter que la victoire sera pour nous ;
nous osons même avancer qu'il n'y aura pas une grande
gloire à l'obtenir ; car tous les avantages sont de notre
côté : nous avons affaire à un ennemi qui n'a pas en
partage l'adresse et l'habilité. Il s'est placé sur un ter-
rein si scabreux, il occupe de si mauvaises positions,
que nous n'aurons pas besoin de faire de grands efforts
pour le débusquer de ses retranchemens et le terras-
ser. Ce ne sera pas par un feu de file bien nourri,
par un de ces stratagèmes qui déjouent les plans les
mieux concertés, ni une de ces ruses qui déconcer-
tent les combinaisons les plus savantes, que nous espérons fixer la victoire sous nos drapeaux ; la tactique
de notre ennemi n'annonce point assez d'expérience et

de malice, disons-le, elle est trop naïve, trop ingé-
nue, pour que nous ayons besoin d'employer ces
moyens; c'est tout bonnement avec ces propres armes
que nous voulons le combattre: il s'en sert d'une main
si inhabile, avec tant de maladresse, que nous n'aurons aucun mérite à tourner ces mêmes armes contre
lui pour opérer sa défaite

Quittons maintenant le style figuré, qui nous a
paru convenable pour ces préliminaires, et commen-
çons par entrer dans quelques considérations générales
sur l'écrit dont nous entreprenons la réfutation sommaire. Cet écrit est assurément un de ceux auxquels
M. Vastey attache la plus grande importance, si l'on
en juge par l'énorme et effrayante épaisseur du volume
et par les soins qu'il a pris pour le répandre. M. Vastey
appèle cet ouvrage une histoire, et il avoue ingénue-
ment qu'il s'est constitué l'historien d'Haïti. On voit
que M. le Baron ne péche pas par un excès de modestie, et que c'est un père qui a bien de l'indulgence
pour ses enfans: malheureusement pour son amour-
propre, qui doit être chatouilleux en raison de sa
modestie, peu de personnes verront comme lui. Il
serait, sans doute, peu honnête de qualifier l'écrit
du noble Baron selon son véritable mérite, et quiconque en est aux politesses avec lui, ne lui dira pas
franchement sa pensée là-dessus. Pour nous, qui voulons nous affranchir dans nos rapports avec ce respectable personnage de toutes civilités gênantes, de toutes cérémonies féodales, de toutes étiquettes de cour,
(le Républicain n'en connaît point) nous ne lui
déguiserons pas la nôtre; nous nous exprimerons sur
son compte et sur le compte de ses productions littéraires avec toute la bonne foi et toute la sincérité qui
nous caractérisent; et, pour commencer à lui donner
une preuve de notre franchise, nous lui avouerons que
nous trouvons que son ouvrage, qui fait l'objet de
cet examen, n'a aucun des caractères qui constituent
l'histoire; que nous trouvons au contraire qu'il a tous

ceux du libelle, du pamphlet le plus virulent et le plus incendiaire; qu'enfin cette espèce de factum n'est qu'un tissu d'injures, de sottises, d'impostures et de calomnies odieuses, dirigées, nous frémissons de le dire, en partie contre la mémoire du digne et vertueux chef qu'une mort prématurée a ravi à notre amour et à nos affections. Plusieurs Citoyens estimables de la République sont aussi honorés des invectives du noble Baron : c'est contre notre compatriote Milscent et contre nous principalement qu'il exhale sa bile acrimonieuse; qu'il se répand en outrages, en calomnies dégoûtantes; qu'il jette feu et flamme. L'un et l'autre nous avons osé dire des vérités à qui il convenait de les dire; nous avons eu l'impertinence de citer des faits avérés, des faits notoires dans toute Haïti; des faits qui prouvent clair comme le jour que son maître est un hypocrite, un fourbe audacieux, un féroce brigand; qu'il a fait assassiner des milliers de nos concitoyens, égorger tous ceux de nos braves que le sort des armes a rendu ses prisonniers; qu'il a incendié nos villes, dévasté nos campagnes, répandu le deuil et la consternation dans tous les lieux souillés par sa présence; qu'il a fait périr une foule d'individus dans des tourmens et des tortures horribles, et sans autre motif que celui de satisfaire sa férocité naturelle; qu'enfin il a renchéri sur tout ce qu'avaient fait les Phalaris, les Cambyse, les Caligula, les Néron et les Domitien; et nous en avons administré des preuves patentes, irréfragables : nous avons dit et publié toutes ces choses, parce qu'elles sont réelles; parce que des milliers de personnes peuvent déposer de leur véracité; parce qu'il était utile de les faire connaître pour démasquer l'hypocrisie et la fourberie du maître de M. Vastey; parce que quiconque conserve un reste de pudeur ne peut les nier. Notre but n'est point équivoque, et la raison qui nous a fait prendre la plume pour jeter un grand jour sur les actions du héros de Sans-Souci est puisée dans un sentiment de patriotisme. Animé par ce sentiment

(7)

nous avons surmonté tous les dégoûts qu'inspirent les scènes d'horreur sur lesquelles nous avions à porter nos regards. Notre compatriote Milscent et nous, nous ne sommes point des scribes mercenaires, qui nous enrichissons du salaire de la délation et de l'imposture ; nous n'écrivons pas pour complaire à la puissance et par telles et telles considérations, mais bien pour rendre hommage à la vérité et sous l'inspiration seule de de notre conscience. C'est dans le témoignage de cette conscience que nous trouvons le prix des efforts que nous avons faits pour être utiles à nos concitoyens. Vastey pourrait-il en dire autant ? Vastey pourrait-il interroger ses souvenirs sur sa conduite passée et actuelle sans éprouver l'aiguillon du remords ? Pourrait-il avouer les motifs secrets qui le font agir sans être couvert de confusion ? Quand Vastey prend la plume, n'entend-il pas sa conscience lui reprocher tous les outrages qu'il va faire à l'honneur et à la vérité. Monsieur Milscent et nous, nous suivons une religion autre que celle de M. Vastey : les doctrines que nous voudrions affermir, les principes que nous professons sont diamétralement opposés aux siens. De plus, nous avons fait une peinture, aussi vraie qu'il nous a été possible de la faire, des crimes et des atrocités que Christophe a commis. Accolé à ce *grand homme* et partageant en tous points ses sentiments, est-il étonnant que le Sieur Vastey nous ait pris en belle grippe ; qu'il nous ait voué une haîne implacable ; qu'il emploie tous les moyens en son pouvoir pour tâcher de nous diffamer, pour rendre nos intentions suspectes à nos concitoyens ; qu'enfin il nous prête les odieux penchans de son âme et tous les vices qui en font l'être le plus vil et le plus dégradé ? Que ce scribe mercenaire, aux gages du plus farouche comme du plus sanguinaire des despotes, nous injurie, nous calomnie, vomisse contre nous tout le fiel et tout le venin dont son cœur est infecté, entasse mensonges sur mensonges pour faire naître dans l'esprit de nos compatriotes des soupçons défavorables sur notre compte, il ne fait que son métier ; il se sert de ses armes habituelles et favorites ; il gagne son infâme salaire ; nous savons comment et pourquoi il agit ; nous serions même presque tentés de lui pardonner, parce que nous sommes là pour lui riposter, et, comme on dit trivialement, pour lui passer la plume sur le bec ; mais que ce fougueux libelliste, abjurant tout sentiment de pudeur et de bienséance, tout respect humain, s'oublie au point de troubler la cendre de l'homme qui a rendu de si éminens services à sa patrie, qui, après l'avoir préservée d'une ruine totale, lui a fait prendre un rang honorable parmi les nations, par les sages institutions qu'il lui a données, qui s'était concilié, non seulement l'amour des haïtiens, mais l'estime de tous les étrangers qui ont été à portée d'apprécier la noblesse de son caractère et l'élévation de son âme ; que ce fougueux libelliste, disons-nous, profane une mémoire si précieuse et si chère, c'est un attentat odieux ; c'est un sacrilège qui appèle la vengeance céleste ; c'est une monst. uosité dont il n'y a point d'exemple ; que l'on ne conçoit pas, et dont Vastey et Christophe ou Christophe ou Vastey étaient seuls capables (1).

Nous n'entreprendrons point d'examiner, dans toutes ses parties, le nouvel écrit dans lequel le noble Baron Vastey a déposé tout le fiel et toute l'amertume dont son cœur est rempli ; écrit où il fait un si pompeux étalage de la science profonde et de la vaste érudition avec laquelle il veut nous écraser ; ce serait abuser de la patience de nos lecteurs et les exposer à de trop fréquentes sensations nauséabondes. On sait que Vastey

---

(1) C'est une grande lâcheté que d'attaquer la mémoire des morts, parce qu'ils ne peuvent se défendre. De tout temps ça été un devoir sacré de rendre les derniers honneurs à ceux qui ne sont plus, lors même qu'ils ont été nos ennemis. Celui qui manque à ce devoir ne peut avoir qu'une âme basse et un mauvais cœur.

M. L. De Jussieu.

s'est enfoncé si avant dans la fange qu'il ne peut plus se remuer sans jeter des ordures. Quelque répugnance que nous éprouvions à occuper le public des productions et de la personne d'un individu qui se respecte assez peu pour dépasser toutes les bornes de la bienséance et s'abandonner, avec une fureur intolérable, aux injures les plus grossières, aux mensonges les plus révoltans pour faire prendre le change sur le compte de son maître et masquer la bassesse et la vileté de son âme, nous tâcherons de surmonter le dégoût que nous inspire un tel sujet.

Avant de faire remarquer combien porte à faux l'échafaudage de sophismes, d'inductions erronées, d'assertions diffamantes et mensongères avec lequel Vastey veut faire triompher la cause *illégitime* à la défense de laquelle il consacre tous les mouvemens de son cœur, toutes les facultés de son âme, toutes les forces de son esprit; combien il se contredit lui-même lorsqu'il croit tirer un grand avantage de son arme favorite, l'imposture; combien tout ce qu'il dit porte le cachet de la prévention, de la mauvaise foi, de la fourberie; combien il est puéril dans ses objections, fastidieux dans ses raisonnemens, ridicule dans ses déclamances; en un mot combien il fait ressortir lui-même la perversité de son âme lorsqu'il croit prouver tout le contraire, nous allons esquisser son portrait, afin que ceux de nos lecteurs qui ne le connaissent pas, ou qui ne le connaissent pas bien, sachent de quel poids peuvent être les assertions et le témoignage d'un tel homme. Un seul mot pourrait caractériser Vastey, et le peindre mieux que l'art du peintre le plus habile, et ce mot est celui-ci sorti de sa bouche. Quelqu'un lui faisait un jour des reproches sur certaines petites peccadilles dont il s'était rendu coupable, et dont toute autre conscience que la sienne aurait été bourrelée de remords, il répondit avec un calme flegmatique: *oui, je suis un scélérat, j'en conviens.* Voilà, certes, un aveu comme il n'en a pas encore été fait depuis

que le monde est monde et que ne ferait même pas
le brigand le plus chargé d'iniquités, le plus familiarisé avec le crime. Mais aussi où trouver un être arrivé
au point de la dégradation de Vastey: sans Christophe,
son pareil n'aurait jamais existé. Les annales sanglantes
de tous les temps et de tous les lieux n'en fournissent
pas un seul exemple. Que l'on ne prétende pas que
l'étrange aveu de M. Vastey que nous venons de faire
connaître ne soit qu'une vaine supposition. Cet aveu,
il l'a fait à un Citoyen de cette ville, digne de foi,
et dont le témoignage sera toujours pour nous l'équi-
valent de la vérité ; il l'a fait à une époque où il pré-
ludait déjà, par de petites actions à la Robespierre et
à la Marat, à la merveilleuse réputation qu'il s'est
faite et qui lui a valu la faveur insigne de son cher
maître, le bon et tendre Henry, en attendant que
mieux s'en suive (1).

Nous aurions pu nous borner à citer le mot du
noble Baron, que nous avons rapporté plus haut,
pour dévoiler le fond de son caractère et montrer tout
ce qu'il est capable de faire lorsqu'aucun frein ne l'arrête ; mais puisque nous avons tant fait que de commencer à tracer son portrait, il faut y dessiner tous
les traits, y ajouter toutes les couleurs qui peuvent
le mieux faire ressortir la beauté de l'âme et la noblesse des sentimens du personnage,

Vastey, suivant toujours l'impulsion de son cœur
et attiré par son instinct naturel vers les lieux où de
grands malheurs devaient affliger l'humanité, où des
crimes et des monstruosités sans nombre devaient se
commettre, s'est trouvé en France dans les temps de
la révolution, dits temps de la terreur, sur divers
théâtres où il a pu donner une ample carrière à sa férocité. Après avoir pris une part active au massacre des

---

(1) *Que mieux s'en suive*. On sait que le cœur paternel
de sa très-gracieuse Majesté est sujet à éprouver de ces mouvemens de sensibilité qui le portent à guérir ses serviteurs des
vissicitudes de ce monde en les envoyant dans l'autre.

2 et 5 Septembre; s'être signalé parmi les assassins de ces horribles journées, il s'est attaché à la personne de Carrier, d'atroce mémoire. Pendu à Nantes avec ce Représentant barbare, dont il était devenu un des suppôts les plus affidés et un des plus vils instrumens, il a de nouveau trouvé l'occasion d'exercer son savoir faire dans l'art des Néron, des Borgia. Nantes, par son voisinage de la Vendée, qui était devenu le foyer de la guerre civile, et comme chef-lieu de Département, devait être le théâtre de grands forfaits. Peu à près l'arrivée de Carrier dans cette ville, des milliers d'individus des deux sexes, dévoués à la hache des factieux, furent jetés dans les prisons. Le nombre de ces innocentes victimes de la réaction s'accroissait chaque jour avec une si effrayante rapidité que bientôt les maisons d'arrêts ne purent plus les contenir. Dans la crainte qu'il ne s'en échappât quelques unes, faute de lieu pour les séquestrer, les cannibales de la clique de Carrier imaginèrent d'accélérer leur exécution en faisant mourir un grand nombre de ces malheureux à la fois. A cet effet ils eurent recours à des bateaux à soupape; ils les remplirent des infortunés dont ils avaient juré la perte, après les avoir attachés deux à deux, homme et femme, ce qu'ils appelaient, dans leur langage barbare, les *mariages républicains*; ensuite ils abandonnaient les *échafauds* flottans au cours de la rivière, et en quelques minutes ils étaient engloutis dans les flots. Dans ces jours de deuil et de désolation Vastey est en crédit auprès du pouvoir assassin qui faisait tout trembler!.. Vastey est le favori de Carrier!.. Quelle belle occasion pour lui de déployer toutes les ressources de son génie! Aussi fut-il un des premiers à se signaler dans les épouvantables exécutions dont nous venons de parler. Nous n'affligerons pas l'âme de nos lecteurs par le récit des faits qui lui sont personnels dans ces déplorables circonstances.

Quelque horribles et incroyables que soient les actions de Vastey que nous venons de faire connaître, elles n'en sont pas moins vraies : ce ne sont pas des personnes mal informées ; des personnes prévenues ; des ennemis secrets qui ont attesté la vérité de ces faits ; c'est un témoin que l'on ne peut taxer d'exagération, un témoin vivant, un témoin irrécusable. Le pourra-t-on oublie? c'est Vastey lui-même ; oui c'est ce monstre de férocité qui a osé se faire honneur de telles actions, qui a eu l'impudence, l'inconcevable audace, d'en raconter avec détail les plus petites circonstances.

La pensée ne peut s'arrêter plus long-temps sur tant d'horreurs sans que l'esprit se révolte, sans que l'âme se soulève d'indignation et tombe dans l'accablement. Détournons les regards de ce tableau hideux pour continuer l'examen partiel du Livre de M. Vastey. Ce livre, d'une étendue raisonnable, est intitulé, comme on a déjà pu le remarquer : *Essai sur les causes de la Révolution et les guerres civiles d'Haïti, pour faire suite etc.*, etc. Par ce titre seul on voit que le noble baron, de simple narrateur de faits insignifians (1) est devenu tout-à-coup grand chroniqueur ; qu'il s'est élevé, avec une prodigieuse rapidité, de la modeste brochure à l'imposant in-8°: on voit aussi que la confiance qu'il a en ses forces ne l'abandonne jamais ; qu'il est entré, avec une imperturbable assurance, dans le vaste champ de l'histoire d'Haïti pour en explorer tout ce qui lui a paru digne d'être transmis à la postérité. La postérité reconnaissante érigera, sans doute, un monument à la mémoire du noble Chancelier pour perpétuer le souvenir des éminens services qu'il aura rendus à la science chronologique. Pour nous, dont le goût n'est pas encore bien épuré, qui ne sommes pas assez clairvoyans pour découvrir les beautés de tous genres répandues dans l'ouvrage où M. Vastey a déroulé tous les événemens et les principaux faits historiques de

---

(1) Voyez une rapsodie ayant pour titre : Relation des glorieux événemens qui ont porté leurs Majestés Royales sur le trône d'Haïti, suivie de l'histoire du couronnement et du sacre du Roi Henry Ier. et de la Reine Marie-Louise.

notre révolution , qui portons la hardiesse jusqu'au point de douter que cet écrivain soit jamais confirmé le Tacite d'Haïti , nous allons , en dépit de ce qu'en pourra dire et penser la postérité , énoncer notre opinion sur le mérite littéraire de ses productions avec la même franchise que nous l'avons énoncée sur ses qualités morales. Mais , avant d'en venir à cet examen , il ne sera peut-être pas hors de propos de jeter un coup-d'œil rapide sur l'ensemble, le véritable caractère et le but de l'ouvrage de M. Vastey. Fidèle à son système diffamatoire et mensonger , le noble baron commence, dans un discours d'introduction, par essayer de flétrir la mémoire du Président Pétion en la chargeant de tous les crimes et de toutes les iniquités dont son maître s'est rendu coupable; ensuite il décoche contre notre compatriote Milscent et contre nous-même des traits trempés dans le poison dont son cœur est infecté. Arrivant à son premier chapitre, il établit des généralités , plus ou moins exactes, sur la statistique personnelle d'Haïti avant la révolution, d'après la composition des différentes classes admises alors , sur la situation de cette île considérée dans ses rapports politiques , civils et commerciaux ; ce qui l'amène naturellement à donner un aperçu des événemens qui ont eu lieu à l'aurore de notre révolution et à examiner les causes principales qui ont porté les premiers coups au colosse monstrueux du despotisme colonial, et conduit successivement les haïtiens à la liberté et de la liberté à l'indépendance : il passe ensuite, et par une transition assez brusque, à l'examen de ce qu'a fait et aurait dû faire le gouvernement d'Haïti sous Dessalines, et développe dans le deuxième chapitre quelques vues à cet égard. Le troisième chapitre est consacré tout entier à faire connaître les événemens qui ont précipité Dessalines du trône où il était monté et ceux qui ont rompu l'unité du peuple haïtien. Tout ce qu'il rapporte sur ce sujet est d'une inexactitude, ou pour mieux dire, d'une fausseté manifeste. N'écrivant que sous les inspirations de la passion et de la plus insigne mauvaise foi, et foulant aux pieds toute pudeur et toute retenue, il tronque des vérités historiques, dénature les faits les plus avérés, les plus notoires, leur assigne des causes qui n'ont existé que dans son cerveau et avec lesquelles ils n'ont primordialement ni secondairement aucune liaison ; et tout cela pour en venir à prouver la légitimité des droits que le Bacha du Cap a sur nous. Tous les autres chapitres ne présentent que le développement des principes qui établissent ces prétendus droits et une série de fausses déductions, y compris le récit interminable des malheurs qu'il faut a éprouvés pour les avoir méconnus. Dans le cours de sa narration, l'auteur jette quelquefois en avant des idées mères (1) sur des points de législation que les plus habiles des publicistes ne traiteraient qu'avec beaucoup de circonspection, et peut être de défiance. Il s'enfonce par fois dans les profondeurs de l'idéologie, de la métaphysique, et se livre à des abstractions sur la théorie du droit des gens, du droit public et enfin sur des règles nouvelles qu'il propose d'adopter pour établir entre les nations des rapports politiques plus conformes à la morale et à la justice que ceux consacrés par l'usage. Nous ne le suivrons pas dans les vues qu'il développe sur ces matières délicates ni dans le cours des récits qu'il fait des événemens qui ont eu lieu en ce pays : il n'entre point dans notre intention, et nous l'avons déjà annoncé, d'analyser l'écrit de M. Vastey dont nous nous occupons, encore moins de réfuter tous les faits erronés qui donnent à cet écrit le caractère de roman-libelle. Nous avons voulu seulement donner une idée du cadre qu'il comporte, du degré de confiance qu'il mérite et du degré d'intérêt dont il sera pour la postérité à laquelle l'auteur le destine modestement. (2) Considé-

____

(1) *Idées mères* ; car elles n'ont jamais existé dans la tête de personne.

(2) Il est bien à craindre pour le nouveau Tacite que son livre n'aille pas à son adresse.

rons-le maintenant sous le rapport littéraire. M. Vastey a
de l'imagination, de la facilité pour écrire, il faut lui
rendre cette justice, mais une malheureuse facilité. S'il
ne se laissait pas dominer sans cesse par la haine et la
vengeance, il pourrait dire des choses sensées et rai-
sonnables; mais il semble qu'il ait pris à tâche de faire
de continuels outrages à la vérité et à l'honneur, et
de donner des entorses au bon sens; qu'il ait renié
toute morale, toute justice pour se dévouer au culte
de quelque génie infernal, et pour dénigrer ce qu'il y
a de plus honnête, de plus respectable et de plus digne
de vénération. En se constituant l'avocat d'une cause
désavouée par la raison et l'équité, d'une cause inique
et unique en son genre, il lui aurait fallu une grande
supériorité de talens et d'adresse, je ne dis pas pour
faire triompher cette cause, c'est chose impossible,
mais pour lui ôter de l'odieux qu'elle porte avec elle.
M. Vastey s'est donc trouvé dans une position forcée,
gênante, non parce qu'il n'entre pas dans ses goûts de
se servir des vils et méprisables moyens qu'il met en
usage pour nous combattre, ce n'est pas ce que nous
entendons, mais parce que s'étant enrôlé sous les ban-
nières de l'hypocrisie et de l'imposture, il est obligé
de mettre son esprit à la torture, de faire de grands
efforts d'imagination pour inventer toutes choses qui
peuvent fortifier son système de duplicité et de mensonge et lui donner quelque air de vraisemblance. Cette
contrainte a dû nécessairement influer sur son caractère et lui donner une teinte sombre et acerbe, et son
caractère à son tour a dû influer sur son style: c'est
ce qui est en effet arrivé, et ce que nous nous pro-
posons de prouver par quelques citations (1), que
nous ferons en leur lieu et place. Ne perdons pas de

---

(1) Voltaire condamne l'emploi de ce mot; mais comme les
bons écrivains de nos jours l'ont adopté et consacré, nous ne
ferons pas de difficulté de nous en servir aussi. L'usage est,
dit-on, le Tyran de la langue : nous reconnaissons son autorité. C'est le seul Tyran auquel nous voulions nous soumettre.

vue le talent qu'a M. Vastey, comme écrivain. Son style est loin d'être ce qu'on appèle un style châtié; il n'a ni souplesse ni élégance, mais en revanche il a passablement de dureté; sa diction est incorrecte, souvent diffuse, toujours prolixe et monotone. Il semble qu'il n'ait qu'un ton quoiqu'il veuille en prendre plusieurs. Il se traîne sans cesse sur des lieux communs; ressasse avec une puérile complaisance, et dans un flux de mots, des idées avortées, qu'il a délayées vingt fois dans vingt pamphlets différens: quelquefois il veut faire le léger, le badin, le plaisant, mais à la première coupe de sa phrase on juge de suite que la trempe de son esprit ne l'appèle pas à ce genre de style. Il n'y réussit pas mieux qu'à prouver la débonnaireté de son héros. Il faut cependant convenir qu'il est des momens où il devient réellement plaisant, qu'il dégoûte la rate, qu'il excite le rire; c'est lorsque, dans une phrase étudiée et compassée, dans un style guindé et boursouflé, il veut s'élever au ton de la déclamation, ou lorsque, par de fades et ridicules doléances, par des niaiseries d'un rare calibre, il cherche à attendrir ses lecteurs et à les intéresser sur les beaux mouvemens de sensibilité dont son maître donne de si fréquentes preuves (1).

De ces considérations générales nous allons passer à l'examen de quelques faits qui peuvent les appuyer; ensuite de quoi nous ferons le résumé de notre travail: là se terminera la tâche que nous nous sommes imposée. Elle est pénible pour nous, à plus d'un égard;

---

(1) On nous demandera peut-être pourquoi nous nous sommes occupés de la partie littéraire de l'ouvrage de M. Vastey dans un écrit où il semble que nous aurions dû nous borner à repousser les injures et les imputations odieuses qu'il s'est permises contre nous. Nous répondrons que c'est pour lui renvoyer la balle; qu'il nous a donné lui-même l'exemple en critiquant le style des lettres que feu Son Exc. le Président a écrites aux Commissaires français venus en ce pays. Il trouve le style de ces lettres *lâche et plat*. C'est bien à cet *aligneur* de mots qu'il convient de se montrer aussi sévère en fait de style.

mais, soutenus par un sentiment que l'on saura apprécier, nous l'espérons, nous nous efforcerons de la remplir.

Nous avons dit que le sieur Vastey s'était attaché
principalement dans son libelle à flétrir la mémoire
de l'homme que ses contemporains ont surnommé et
que la postérité confirmera le Washington d'Haïti.
Voyons sur quoi il fonde ses atroces calomnies.

Le plus grand crime qu'il reproche à feu le Président Pétion, c'est d'avoir été le partisan des Français ;
d'avoir conspiré contre ses compatriotes pour les ra-
mener sous le joug d'un régime odieux ; d'avoir en-
tretenu des intelligences secrètes avec le cabinet des
Tuileries ; de s'être entendu avec des agents français
pour en venir à ses fins, et notamment avec le général
Lavaysse, envoyé en ce pays, il y a quelques années,
par le Ministre Malouet. Et se doute-t-on de ce qui
a dessillé les yeux du noble Baron sur les intentions
de feu le Président Pétion ? Ce qui lui confirme que
ce chef, si digne de notre amour et de nos regrets,
avait juré la perte de ses concitoyens ; c'est que feu
S. E. avait autorisé l'impression d'un écrit intitulé :
Columbus, dans lequel se trouve le mot *Omniscience*
qui, selon le clairvoyant M. Vastey, est un mot sé-
ditieux, un mot dont le sens est Diabolique et dont
la signification ne peut être comprise en Haïti que par
lui M. Vastey (1) ; un mot à trente-six ententes, qui
dit plus que des pages entières ; enfin un mot qui renferme évidemment tous les fils d'une grande conspiration et d'un effet plus merveilleux, plus magique que
celui d'IL-BONDO-KANI.

Voilà, il faut en convenir, un bien grand grief
dont feu le Président s'était rendu coupable lors de

(1) On voit, pour le dire en passant, que M. le Baron n'a
pas une très-haute opinion de l'intelligence et de la conception
de ses compatriotes, puisqu'il suppose qu'ils ne savent pas
qu'*omniscience* signifie connaissance de toutes choses, et qu'il
dérive du latin *omnis* tout, et *scientia* science.

3.

l'arrivée en ce pays du Général Lavaysse ; mais l'emploi du mot *omniscience* n'est pas le seul grief qu'il s'est attiré à cette époque ; un autre non moins repréhensible, qui ne prouve pas moins sa déloyauté, sa perfidie, c'est qu'il a autorisé le Général Lavaysse à se rendre ici ; qu'il lui a permis de se loger dans une *belle maison* de la ville ; de respirer en liberté l'air d'un pays libre ; de lui écrire des lettres datées du Port-au-Prince ; c'est qu'il a reçu cet envoyé dans le Palais national ; qu'il a eu des conférences avec lui (1) ; lui a permis de voir nos braves sous les armes et enfin l'a laissé partir comme il était venu. Tout cela prouve en effet d'une manière bien péremptoire, bien démonstrative, que feu le Président Pétion était vendu aux Français ; qu'il avait renoncé au plus bel honneur qu'on puisse ambitionner, celui de devenir le législateur de son pays et d'être entouré de la confiance et de l'amour de ses concitoyens, pour satisfaire les intérêts d'une classe d'hommes (2) qui le regardaient comme la principale cause de leur défaite, qui avaient juré sa perte avant celle de ses compatriotes ; et c'est sur des faits de cette nature, sur ces niaiseries que Vastey fonde toutes ses accusations révoltantes ; qu'il établit son système de diffamation. Que répondre à un homme de cette religion et de ce caractère ?...

---

(1) M. Vastey insinue dans son pamphlet que feu S. Ex. le Président Pétion se servait avec le général Lavaysse d'un argot convenu lorsqu'il lui accordait des audiences publiques. Fonder une accusation sur un fait aussi ridicule et aussi absurde, quelles pauvretés !.... Mais de tels moyens sont bien dignes de celui qui s'en sert.

(2) On se doute bien que nous voulons parler ici des ex-colons professant les principes des Gouy de Darci, des Lepage, des Bruley, des Drouin de Bercy, des de Bruges, des Abbé Dilon. Les noms seuls de ces hommes excitent l'indignation, et l'on aurait horreur de l'espèce humaine si l'on ne pensait pas qu'il existe des Abbé Grégoire, des Wilberforce, des Clarkson, des Lafayette, des Sismondi, etc. ; qu'il a existé des Raynal, des Ferand de Baudière, des Bénézet, des Milscent (Créole), des Montègre, etc.

Raisonnons cependant un peu. Un seul point de tout ce que nous venons de rapporter nous paraît mériter d'être discuté : c'est celui relatif à la correspondance que feu le Président a entretenue avec le général Lavaysse pendant son séjour ici. M. Vastey aurait voulu ou qu'on n'eût point écrit à cet envoyé, ou bien qu'après avoir fait la première faute de lui écrire et la seconde de le recevoir, on lui eût coupé le cou. Voilà, certes, une forme toute nouvelle de procéder dans le droit des gens, et il fallait qu'un génie aussi transcendant et aussi sublime que celui de M. Vastey, qui possède à lui seul toute la science des Grotius, des Puffendorff, des Montesquieu, des Rousseau, vînt nous révéler ce nouveau principe du droit politique des nations, pour que nous pussions nous douter de son existence. Qu'il entre dans les doctrines et dans le goût de M. Vastey de couper le cou à l'envoyé d'une nation, qui vient pour faire des propositions que l'on ne connaît point, nous le concevons, le naturel l'emporte toujours.

« Chassez le naturel il revient au galop ».

DESTOUCHES.

Mais qu'il veuille nous persuader que la raison et la politique conseillent de se conduire ainsi, c'est ce que sa logique et son éloquence, toute vive et entraînante qu'elle est, ne pourront jamais faire. Quand nous n'aurions pas pour nous l'expérience des siècles et des nations et l'exemple des peuples les moins civilisés, les premières notions du sens commun ne nous diraient-elles pas qu'il faut être maladroit, insensé, pour se priver gratuitement, et sans raison aucune, des moyens de connaître les intentions, les desseins secrets d'un ennemi redoutable ? Et n'est-ce pas en effet s'en priver entièrement que de se refuser à écouter les propositions que ce même ennemi veut faire par l'entremise d'un agent, avoué ou non ? Quel était le but du gouvernement français en envoyant des Commissaires en ce pays ? Sans doute de connaître notre véritable

situation, l'esprit national et les intentions du gouvernement. Eh bien! qu'avions-nous à craindre sous ce
rapport? Nos moyens de résistance n'étaient-ils pas
assez bien organisés? Notre attitude n'était-elle pas
assez imposante? n'annonçait-elle pas assez la résolu-
tion inébranlable que nous avons prise de conserver
le fruit de nos conquêtes? de ne faire aucun pas ré-
trograde dans la carrière que nous avons parcourue?
Tout enfin ne prouvait-il pas notre détermination de
maintenir, à quelque prix que ce soit, notre indépendance? Dans cet état de choses, qu'avait donc de redoutable et de dangereux au milieu de nous la présence
d'un homme dépouillé de tous moyens hostiles, forcé
de se renfermer dans les plus étroites limites de la
prudence et de la circonspection? De deux choses l'une:
ou cet homme était réellement l'envoyé reconnu de
la France, et dans ce cas nous devions l'entendre; ou
il était l'envoyé du Ministre, sans caractère diplomatique avoué, et dans cet autre cas notre intérêt seul
nous engageait à le recevoir pour tâcher de le sonder
et de connaître les vues et les projets du Cabinet des Tuileries. C'est effectivement ce que fit feu S. Ex. le Président
Pétion. Avec sa perspicacité accoutumée, il parvint
à pénétrer parfaitement le général Lavaysse et à obtenir de lui des aveux du plus grand intérêt pour
nous; et si, à cette époque, on a connu les intentions
perfides du ministère français d'alors, c'est grâce à l'habilité et à la sagacité du digne chef qui, selon le sieur
Vastey, était vendu à ce ministère, et non pas, comme
il l'avance faussement, à la prévoyance de son maître.

Nous croyons avoir prouvé, de la manière la plus
évidente, que non seulement feu le Président Pétion,
en recevant le général Lavaysse, s'est conduit d'après
les règles du droit des gens, et de la loyauté qui ca-
ractérisait si éminemment son caractère, mais qu'il
s'est conduit aussi en très-habile politique; qu'il a par
là donné une nouvelle preuve de ses lumières, de son
patriotisme et de l'amour qu'il portait à ses conci-

toyens dont le bonheur faisait l'objet de sa plus vive
sollicitude.

Nous allons faire voir maintenant, et le plus suc-
cinctement qu'il nous sera possible, sur quels autres
faits le Baron Vastey appuie les imputations odieuses
qu'il s'est permises contre la mémoire du sauveur de
notre patrie.

D'abord, il prétend que le Président Pétion avait
envoyé M. Tapiau à Paris, pour faire un traité avec
le Cabinet des Tuileries. Nous n'avons à répondre à
cette assertion que par une dénégation formelle. Il est
connu de tous les Citoyens de nos contrées que feu
M. Tapiau n'a jamais été chargé d'aucune mission de
la République près le Gouvernement français. M. Tapiau
n'habitait même pas Haïti à l'époque où M. Vastey
le revêt d'un caractère diplomatique. Il résidait aux
Etats-Unis de l'Amérique Septentrionale (1).

Après avoir délivré si gratuitement un brevet de
diplomate à M. Tapiau, le noble Baron, prétend que
feu le Président Pétion, agissant toujours dans ses
vues conspiratrices, avait envoyé à Londres M. Garbarge,
son Secrétaire particulier, et M. Mcrouné, son neveu,
pour vendre Haïti à la France. Vendre ce pays à la
France par l'entremise du Cabinet Britannique !! C'est
du nouveau ! Nous avouons, dans la simplicité de
notre bonne-foi, que nous ne nous serions jamais douté
que le Gouvernement anglais eût voulu prendre si chau-
dement les intérêts de sa rivale et donner les mains à
l'arrangement dont il s'agit. Mais puisque M. Vastey
le dit, il faut bien le croire : les grands hommes d'é-
tat, comme lui, savent tout, devinent tout, sont ini-
tiés dans tous les mystères des Cabinets. Quelque jour

____

(1) Autrefois on disait tout simplement Etats-Unis d'Amérique ; mais depuis le traité de triple alliance offensive et défen-
sive que les Républiques de Buénos-Ayres, du Chili et de la
Nouvelle Grenade viennent de faire, il devient indispensable,
pour ne laisser aucune équivoque, en parlant de la ci-devant
Nouvelle Angleterre, d'ajouter aux mots Etats-Unis d'Amérique,
celui de Septentrionale.

Il nous apprendra aussi, peut-être, par l'entremise du *Philantrope* M. le Comte de Bruges, ou du *fervent ami de l'humanité*, l'Abbé Dillon, que son *gracieux* Souverain et maître nous a pris en belle amitié.

Pendant que M. Vastey fait agir feu M. Gabarge à Londres dans le sens de la grande conspiration tendant à faire passer ce pays sous la domination de la France ; conspiration, comme on vient de le voir, à laquelle le Cabinet de St.-James prenait une part active, il me fait partir, moi Colombel, du Port-au-Prince, pour France, avec le Général Lavaysse, à l'effet d'achever le grand œuvre commencé depuis si long-temps. Il se présente ici un petit inconvénient de nature à embarasser un génie moins souple, moins fertile en expédients (1) que celui de Monsieur Vastey, c'est qu'à l'époque où il m'accole, pour ainsi dire, à la mission du Général Lavaysse, j'étais en Europe et ignorant complètement tout ce qui se passait ici. Je suis fâché, pour ma part, d'être forcé de donner un démenti aussi formel à M. le Baron ; mais en vérité, je ne puis faire autrement.

Quant à M. Pradère qui était aussi chargé, selon le noble Baron, d'accompagner le Général Lavaysse en France, il suffit de dire qu'il n'a jamais exercé aucune

---

(1) C'est réellement un homme à ressources fécondes, un homme extraordinaire que ce M. Vastey. Si je n'étais pas en si mauvaise grâce auprès de son maître, je l'engagerais à ne pas trop le rudoyer, à le conserver bien précieusement, car il peut en tirer parti pour bien des choses. Il est propre à tout. S'agit-il de manœuvrer dans l'ombre du mystère sous l'invocation de l'esprit des ténèbres ? Il a vieilli dans le métier. Dans l'intérêt de la monarchie du *grand* Henry, convient-il de sacrifier ce que l'honneur a de plus inviolable, ce que la morale a de plus respectable, ce que l'humanité a de plus sacré ? Il est coutumier du fait. Enfin tout cède à son obéissance passive, et je doute que l'on puisse trouver son pareil

« De Paris au Pérou, du Japon jusqu'à Rome. »

Je prie ceux de mes lecteurs qui connaissent leur Boileau de croire que je n'ai pas eu l'intention de faire aucune application du vers qui suit celui que je viens de citer.

fonction publique en ce pays depuis que les haïtiens ont ressaisi leurs droits, pour que l'on sache à quoi s'en tenir sur le caractère diplomatique que M. Vastey lui donne.

On se doute bien que le noble Baron Vastey en me faisant voyager avec le Général Lavaysse établit là-dessus un beau thême pour prouver que je suis un partisan des français, l'ennemi de mes compatriotes et de l'ordre actuel des choses en Haïti. Ce texte lui sert merveilleusement pour vociférer contre moi et me déchirer à belles dents. Je ne suis rien moins, selon cet honnête M. Vastey, qu'un infidèle, un traître, un perfide, en un mot un élève de feu S. Exc. le Président Pétion, nourri dans ses principes ; je n'ai rien d'haïtien, pas même l'épidermie, car il prétend que ma couleur se rapproche le plus de la blanche : c'est encore une chose que j'ignorais, et qu'il était réservé à M. Vastey de m'apprendre : j'avais toujours cru, jusqu'à présent, que la teinte de ma peau était passablement rembrunie, et que sous ce rapport, comme sous celui des principes et des sentimens j'étais haïtien, et franc haïtien.

M. Milscent n'est guère plus épargné que moi dans la fameuse histoire d'Haïti. M. Vastey veut bien lui passer condamnation sur son épiderme, mais il ne lui fait pas grâce sur ses principes. Comme notre compatriote a assez de force en lui-même pour repousser les imputations du noble Baron, je lui laisse le soin de se défendre, me bornant toutefois à dire que, comme moi, il s'honore de partager les sentimens de feu le Président Pétion, comme il s'honore aussi des injures qui sortent de la plume de M. le Baron. « C'est une vérité devenue triviale que l'estime publique ne tient pas moins aux injures des libellistes qu'aux louanges des honnêtes gens ».

La haîne que m'a vouée M. Vastey l'ayant porté à me gratifier d'un brevet d'agent du Gouvernement français, il était tout simple qu'il en délivrât aussi un à M. Milscent : car il a aussi une belle dent contre lui (1). Nous voilà donc , M. Milscent et moi, par le pouvoir et le vouloir du noble Baron, bien constitués agents français , ennemis jurés de nos compatriotes, visant à quoi ? C'est ce qui reste à dire à M. le Baron. Il aura peut-être un peu de peine, tout inventif qu'est son génie, à nous fabriquer une perspective qui *s'harmonise* avec l'emploi qu'il nous donne : car comment en effet persuader que des hommes qui n'ont cessé de faire tous leurs efforts pour mériter l'estime et la bienveillance de leurs concitoyens, et qui ont l'orgueil de croire que leurs peines n'ont pas été perdues ; des hommes qui sont retenus et par les liens sociaux les plus puissants et par tous les liens du sang sur un sol qui les a vus naître ; qui ont tant de raisons de chérir leurs pénates , d'aimer leur patrie et de lui être dévoués , comment , dis-je , faire croire que ces mêmes hommes puissent faire le sacrifice de tous ces avantages pour satisfaire des intérêts qui leur sont étrangers, et complaire à un orgueil superbe et intolérable (2) dont ils

---

(1) Le noble Baron nous a pris l'un et l'autre en si belle grippe depuis que, par l'intermédiaire de l'Abeille haïtienne, nous avons dit à son maître de grandes vérités. M. Vastey prétend que ce journal est une torche incendiaire avec laquelle M. Milscent veut mettre le feu aux quatre coins d'Haïti. L'esprit de modération et de patriotisme dans lequel cette feuille est rédigée est trop généralement connu pour qu'il soit nécessaire de répondre à cette absurde accusation. Ce qu'il y a peut-être de mieux à dire à cet égard , c'est que la lecture de l'Abeille fait grimacer horriblement le noble Baron et lui donne de fortes crispations. *Eos qui malè agunt, solet pœnitere.*

(2) On comprend assez qu'il s'agit ici de l'orgueil de cette caste de Colons , encroûtés de morgue et de sots préjugés ; de ces petits tyrans domestiques, préconiseurs éternels des gothiques institutions sous le régime desquelles l'humanité a eu tant à gémir ; ennemis irréconciliables de la raison et de la justice ; malades incurables atteints de la fièvre du pouvoir absolu, qui, dans leur continuel délire , ne rêvent que domination, autorité discrétionnaire, trafic du sang ; ne respirent que haine et vengeance et sont toujours prêts à tout sacrifier à la passion qui les domine et à leur méprisable et sordide cupidité.

seraient les premières victimes s'il était victorieux ?
Comme le noble Baron est accoutumé à faire des tours
de force; que personne ne gambade aussi lestement
que lui, peut-être qu'il se tirera encore de ce pas.

En attendant qu'une certaine Divinité, dont le nom
nous est échappé plus d'une fois dans le cours de cet
écrit; en attendant, dis-je, que cette Divinité l'inspire,
échauffe sa verve, féconde son génie pour le faire ac-
coucher d'un nouveau chef-d'œuvre, je l'engage de son-
ger à résoudre le problème que je lui propose.

Il me reste encore, pour en finir avec ce qui me concerne, à examiner un fait qui m'est personnel; fait que
le noble Baron avance dans son libelle et qu'a répété
la gazette du Cap. Il prétend que je suis dans ce moment à Paris, et que S. Ex. le Président Boyer m'y a envoyé
pour traiter de la remise de ce pays à la France. Sans
être sorcier, on voit que M. Vastey n'a pas moins de
pouvoir qu'un magicien, puisque, par une seule opé-
ration de son esprit, la volonté, et d'un seul trait de
plume, il me fait franchir l'espace de 1800 lieues,
me revêt d'un caractère diplomatique, et dans le traité
qu'il me fait faire avec le Gouvernement français en
nom de la République d'Haïti, il suppose que j'ai sti-
pulé des conditions subversives de l'ordre actuel des
choses en ce pays. Tout ce qu'il dit à cet égard est
si ridicule, si absurde et si dégoûtant, qu'il me répu-
gnerait de le rapporter ici.

Lorsqu'on réfléchit aux moyens qu'emploie le Sieur
Vastey pour jeter de la défaveur sur quelques Citoyens
connus par leur civisme et leur dévouement à leur pays;
qu'on le voit calomnier, comme un forcené, la mémoire
de l'homme qui a rendu de si éminens services à ses
compatriotes et dont le souvenir sera toujours l'objet
de leur plus profonde vénération ; qu'on le voit com-
bler la mesure de tant d'outrages en prêtant des intentions perfides au chef que la nation a honoré de son
choix pour remplacer l'immortel Pétion, et qui justifie
si bien les espérances qu'on a en ses lumières et en son

4.

patriotisme ; lorsque , dis-je, on réfléchit que toutes
ces imputations odieuses ne sont appuyées sur aucun
fait, sur aucune induction raisonnable , sur même aucun soupçon tant soit peu fondé , on reste confondu;
on ne sait à quel parti s'arrêter; on ne sait si l'on
doit prendre la plume pour repousser tant d'impostures et de bassesse ou garder le silence. En effet, que
répondre à un homme de cette espèce? Ce qu'on
peut faire de mieux est de le vouer au plus profond
mépris.

Poursuivons cependant jusqu'au bout. Nous avons déjà
prévenu nos lecteurs que notre intention n'était point
d'entreprendre la réfutation complète du pamphlet du
Sieur Vastey. Nous allons donc franchir d'un seul saut
tout ce qui, dans cet écrit, se rapporte plus particulièrement à l'histoire d'Haïti, et les faits, qui, ne
reposant que sur des suppositions gratuites, ne nous
paraîtront pas mériter d'être examinés : par ce moyen
nous ne serons point assujétis à un ordre méthodique
de discussions et nous pourrons nous permettre d'in-
tervertir l'ordre des temps et des lieux, selon que les
faits ou réflexions dont nous aurons à nous occuper
s'adapteront mieux à notre plan.

Une des parties du livre de M. Vastey qui ne peut
manquer d'être d'un grand intérêt pour la postérité ,
est, sans doute, celle où , prodiguant le brillant coloris
de son imagination, il fait , avec un soin particulier,
la peinture des actions et de la personne de son maître , pour l'opposer à ce qu'il dit de feu le Président
Pétion. Nous allons reproduire ici quelques-uns des
traits les plus saillans qu'offre cette admirable peinture,
et nous espérons que l'on ne nous en saura pas mauvais gré. On se figure bien qu'il n'en a pas plus coûté
au pinceau du noble Baron pour embellir le portrait
qu'il fait du personnage auquel il a consacré son existence entière, que pour défigurer les traits nobles et
majestueux du chef qui, en quittant ce monde, a
emporté tous nos regrets.

Christophe, au dire de M. Vastey, est non-seule-
ment un homme extraordinaire, un grand homme,
mais c'est aussi le modèle des Rois, des pères, des
époux, des amis; c'est le type de la douceur, de la
bienfaisance, de la sensibilité; le prototype de la fidé-
lité conjugale; en un mot c'est un ange de bonté,
ou si l'on aime mieux, la Vertu personnifiée. Son
cœur paternel est toujours ouvert au malheur. « *Homme
de bons conseils, ami généreux, ses conseils et sa
bourse sont toujours aux services de ses amis et de
ses serviteurs.* » Il faut encore ajouter à toutes ces
brillantes qualités que *Henry est vif et impétueux.*
Oh! pour le coup nous sommes d'accord, mon cher
M. Vastey : oui assurément Henry est vif et impétueux,
et très-vif et très-impétueux. Vous pourriez, sans doute,
nous en dire là-dessus plus que personne : et si les
mânes de quelques milliers d'haïtiens pouvaient se faire
entendre, ils en diraient encore bien plus que vous.
M. Vastey ajoûte, comme une chose des plus impor-
tantes à savoir et très-digne d'aller à la postérité la
plus reculée que *Henry dort peu, mange vîte* (1),
qu'il consulte rarement les Médecins. Aurait-il peur
de la pilule? *Qu'il connaît son tempérament et les
remèdes qui lui conviennent* (2). *Tel que les grands
hommes, son caractère a des contrastes.* Nous sommes
encore d'accord sur ce point, et nous prenons acte de
cet aveu. *Ses manières et ses habitudes lui sont propres. Grand admirateur de la vérité, ennemi du
mensonge.* Tout ce que nous avons rapporté plus haut
le prouve d'une manière incontestable. *Ennemi de la
flatterie.* Les écrits du noble Baron ne laissent aucun

---

(1) Pour que Henry fût tout-à-fait intéressant il ne lui
manquerait que de ressembler à ce paysan qui disait qu'il te-
nait de son père et de sa mère; que son père mangeait vîte
et sa mère long-temps.

(2) Tout le monde n'a pas cet avantage : si cela était, je
connais certain grand chroniqueur qui ferait quelquefois usage
d'Ellébore.

doute là-dessus. *Ses principes sur l'honneur et la pro-
bité sont invariables*. C'est encore de quoi il n'est pas
permis de douter quand on scrute avec attention la
conduite du grand homme. Voilà , assurément, bien
des qualités dont la bienfaisante nature a pris soin de
parer le héros de M. Vastey ; mais ce n'est pas tout ;
il reste encore à savoir que *Henry s'est beaucoup ins-
truit par ses longs voyages ; par la fréquentation des
gens éclairés*, à la tête desquels, probablement, il faut
placer le fidèle narrateur ; *qu'il a une mémoire prodigieuse* ; pour le repos de sa conscience il devrait bien
perdre un peu de cette étonnante mémoire ; *un dis-
cernement sain, un jugement solide ; que ses connais-
sances générales le rendent un homme vraiment extraordinaire*. Voilà qui est vraiment extraordinaire.
Comme tous les jours on apprend de nouvelles choses !..
Mais poursuivons. Nous venons de mettre à nu tout
ce qui constitue le moral de Henry ; dessinons, toujours d'après M. Vastey, les traits qui peuvent le mieux
faire ressortir son physique. Il importe aussi que la
postérité sache que *Henry n'a à l'époque qu'il est,
que 51 ans tout juste*. Il faudrait être bien incrédule
pour ne pas le croire ; car, si je ne me trompe,
voilà 5 à 6 ans que M. Vastey nous dit qu'il a cet
âge ; *que c'est un bel homme, l'œil vif, grand de
taille, bien proportionné, le port majestueux, le re-
gard pénétrant*. S'il avait un peu moins de pénétration
et qu'il fût un peu plus clairvoyant, est-ce que cela
ne lui conviendrait pas autant ?

M. Vastey, comme on peut le remarquer, excelle
dans l'art de faire des portraits. Son goût est si pro-
noncé pour ce genre que, pendant qu'il était en bon
train, il a fait aussi tous les portraits des Princes et
Princesses du sang de la cour de Sans-Souci. Nous ne
reproduirons pas ici la peinture gracieuse et touchante
qu'il a faite de tous ces augustes personnages, pour ne
pas étendre trop les bornes de cet écrit. Cependant,
nous ne quitterons pas cette angélique famille royale

sans lever un petit coin du voile qui couvre l'intéressant tableau que M. le Baron Vastey en a fait. *Jamais,*
dit ce peintre habile, *on ne vit un plus bel accord
de vertus ni une plus parfaite union, de plus beaux
exemples, de meilleurs parens, des enfans plus ten-
dres, plus soumis, plus respectueux.* Tout cela est
bien beau, bien touchant, bien attendrissant, assurément ; il ne reste qu'à savoir si tout cela est bien vrai.
M. Vastey voudra bien nous permettre d'en douter
jusqu'à ce que nous ayons un autre témoignage que le
sien pour fixer notre opinion à cet égard. Il doit d'ail-
leurs savoir que :

> Il n'est point de serpent ni de monstre odieux
> Qui, par l'art imité, ne puisse plaire aux yeux.
>
> Boileau.

Après avoir placé les dernières couleurs sur ce précieux tableau, dans lequel figure, bien entendu, le
débonnaire Henry, le noble Baron éprouve une émotion de plaisir, un mouvement de sensibilité, et s'é-
crie : *je m'arrête, je crains d'être taxé de flatterie* (1),
*mais tous ceux qui connaissent la famille Royale,
et qui ont le bonheur d'en approcher, me rendront
justice et trouveront que j'ai rendu un bien faible
hommage à la vérité.*

Le lecteur a pu observer plus d'une fois que M.
Vastey n'est pas exempt d'exagération et de turpitudes,
et il serait inutile d'en donner plus de preuves que
nous ne l'avons fait ; mais il sera peut-être curieux
de faire remarquer quelques-unes de ces niaiseries les
plus pommées. Prenons à peu près au hasard dans son
livre un passage où il donne un libre cours à sa sen-

___

(1) Taxé de flatterie, M. le Baron, impossible ! vous distri-
buez la louange d'une manière si délicate et si spirituelle, avec
tant de grace, d'adresse et de retenue qu'il n'y a pas moyen
de vous taxer de flatterie : et puis vous avez fait le portrait de
personnages si accomplis, si remplis de vertus et de perfections,
que vous ne pourrez jamais brûler trop d'encens en leur honneur et gloire.

sibilité. Nous tombons sur celui où il représente Henry livré à de tristes réflexions que lui suggère une vaste conspiration tramée contre lui dans le sein de son Royaume.

Henry, dit-il, était plongé dans la plus grande douleur ; à chaque nouvelle trahison que l'on venait lui annoncer, je l'ai entendu s'écrier avec l'accent de la douleur (1), *ah ! les cruels, que leur ai-je fait ?* Rien autre chose que de leur ravir la liberté et de leur donner dans ce monde un avant goût du séjour des réprouvés. Vient ensuite une apostrophe qui est d'une belle force. *O vous qui calomniez ce Prince malheureux, mais doué d'un cœur sensible ; d'une sensibilité à nulle autre pareille ! le connaissez-vous ?* Hélas ! mon Dieu beaucoup que trop ! *Avez-vous entendu comme moi ces cris douloureux qui peignaient si bien ce qui se passait dans son âme ? L'avez-vous surpris dans son cabinet ?* non , Dieu nous en garde ! *à répandre des larmes et s'affliger sur le sort de sa patrie ;* c'est-à-dire s'affliger de n'avoir pu exterminer ceux qui lui portaient ombrage ; *vous êtes-vous mis à son lieu et place avant de le juger avec tant de sévérité ; lisez avec tant de justice et vous ne vous tromperez pas. Que vouliez-vous qu'il fît ?* Comme Horace, qu'il mourût ! Il y aurait eu du sublime dans cette action : et puis que de sang aurait été épargné ! que de défenseurs aurait de plus Haïti !... *Fallait-il qu'il se laissât renverser de son trône ?* Il n'y aurait pas eu grand mal à cela. Cet événement aurait pu être un malheur pour lui; mais à coup sûr il n'en aurait pas été un pour les haïtiens. *Qu'il se laissât égorger lui*

---

(1) Il ne faut pas que le lecteur fasse attention à la répétition du mot douleur dans cette phrase. C'est une de ces petites négligences qu'il est permis aux grands écrivains de faire. Au surplus si l'on s'arrêtait à tous les barbarismes, solécismes et à toutes les locutions vicieuses que contient le chef-d'œuvre historique de M. Vastey, on ferait de fréquentes poses en lisant cet ouvrage.

et sa famille et tous ses serviteurs? Oh! pour le coup, c'est du sérieux. Passe pour lui de se laisser égorger; il en a égorgé tant d'autres!... Mais non pour sa famille et ses serviteurs. La mort de ses derniers ne nous aurait pas du tout amusé; nous avons un goût bien différent de celui de Henry; nous n'aimons pas le sang: et puis nous espérons que ses serviteurs les plus dévoués ne seront pas toujours dans l'état de ces Israélites infidèles qui avaient des yeux *et ne voyaient pas,* des oreilles *et n'entendaient pas,* des bouches *et ne parlaient pas.* Nous espérons qu'un jour ils appercevront l'abîme sur le bord duquel ils sont placés et qu'ils tâcheront de fuir le danger; car, comme dit l'écriture, *qui ne fuit pas le danger, périra.* L'arche sainte de la Liberté, qui nous a servi de refuge dans le temps où les flots d'une mer en courroux menaçaient de nous engloutir, et que nous conservons comme le palladium de notre existence et de notre tranquillité, leur offre un sûr abri contre les tempêtes et les orages près d'éclater sur leurs têtes. Nous ne nous lasserons jamais de le dire : nous ne voyons dans nos frères qui sont sous une autre bannière que la nôtre, que des hommes égarés ou des hommes soumis à l'empire d'une déplorable fatalité; nous souffrons de leurs peines; leurs angoisses remplissent nos âmes de douleur et d'affliction : nous serions heureux de pouvoir fraterniser avec eux; de pouvoir partager avec eux les bienfaits d'un gouvernement juste, libéral et réparateur de tous les maux qui ont contristé nos contrées. Si nous voulions nous livrer aux réflexions que nous inspire ce sujet, cela nous mènerait trop loin. Attendons tout du temps et de la justice d'un Dieu vengeur et protecteur des opprimés.

Nous avons déjà cité et combattu quelques faits avancés par le Sieur Vastey dans l'intention d'entacher la mémoire du Président Pétion. Le lecteur nous permettra, sans doute, de revenir sur nos pas pour démontrer la fausseté et l'odieux de quelques autres faits semblables, sur lesquels nous avions cru d'abord devoir garder le silence. Vastey, n'employant toujours que les plus basses manœuvres, les plus vils et les plus méprisables moyens pour faire prendre le change sur le compte de son maître ; pour colorer d'un vernis de justice et d'équité la cause inique qu'il défend, et croyant ne pouvoir mieux réussir dans ces nobles projets qu'en présentant sous le jour le plus défavorable les actions de feu le Président Pétion et les principes qui ont toujours dirigé sa conduite, établit à cet effet une série d'accusations contre lui, dont la principale est de le représenter comme l'auteur de la mort de plusieurs Chefs de la République qui ont disparu dans des temps orageux (1). Le fait est que plusieurs de ces chefs sont péris ; mais comment ont-ils péri ? victimes de leur trahison et de leurs entreprises anarchiques. Qui pourrait révoquer en doute que les chefs dont il s'agit ont conspiré contre la République ? qu'ils se sont mis en état de rébellion ouverte contre le Gouvernement ? Le peuple, qui veut sa liberté et sa tranquillité, et la loi ont seuls fait justice de ces hommes que la patrie désavoue. Au moment où feu le Président Pétion vint à connaître leurs desseins perfides, il fit tout ce qui était en son pouvoir pour les empêcher de se précipiter dans l'abîme qu'ils avaient ouvert sous leurs pas. Toutes ses tentatives bienveillantes et généreuses furent vaines. Un destin fatal entraînait à leur perte ces hommes aveuglés par l'ambition. Eux-mêmes ont voulu se perdre, et se sont perdus. Après avoir encouru la vindicte publique, s'être mis hors de la loi, ils sont tombés sous le glaive inexorable de la justice.

Nous allons passer maintenant à une observation qui

---

(1) Vastey cite comme une victime de ces temps de calamité le Général Henry. Rien n'est plus faux. Le Général Henry, qui avait donné les plus grandes preuves de dévouement à la patrie, est mort à Jérémie, dans son lit, et d'une mort naturelle, emportant l'estime de tous ses concitoyens. Personne ne l'a plus regretté que feu S. Ex. le Président.

sieur Milscent et envers moi fort à son aise sur le
chapitre des égards et des procédés, et qu'il n'a pas
le moins du monde peur de blesser notre amour-propre.
D'après cela, on ne sera pas étonné de l'entendre s'é-
crier avec une sainte indignation : *qu'ont-elles de si
terribles ces paroles de paix* (1), *d'union et de récon-
ciliation qui les font frisonner* (Colombel et Milscent) (2).
*Mais n'interrompons pas ici le cours de nos réflexions.
en temps et lieux nous dirons à Colombel et à Milscent
quels sont le sujet de leurs craintes et de leurs terreurs.* Je ne sais pas où M. le Baron a vu que Monsieur Milscent et moi nous avions des craintes et des
terreurs. Il nous semble pourtant avoir prouvé assez
clairement tout le contraire ; et si sa mémoire lui a
encore fait une infidélité sur ce point, il peut se re-
porter à quelques numéros de l'Abeille haïtienne, et
notamment aux 2e. et 24e. numéros, 1ère. année ; il
verra en effet comme il nous fait trembler.

Tyrannie, Régénérateur et Bienfaiteur de la Nation Haïtienne,
Créateur de ses institutions morales, politiques et guerrières,
premier Monarque couronné du Nouveau-Monde, Défenseur de
la foi, Fondateur de l'Ordre Royal et Militaire de Saint-
Henry, etc., etc., etc.

Pour rétablir les choses selon la vérité, lisez : Henry, par le
courroux de Dieu et le succès de quelques manœuvres criminelles contre l'Etat, Tyran d'Haïti, Epouvantail des Iles de la
Tortue, Gonave et autres Iles adjacentes, Fauteur du Despotisme, Oppresseur et Destructeur de la Nation Haïtienne, Vio-
lateur de ses institutions morales, politiques et guerrières, dernier des Monarques passés, présents et à venir de l'Ancien et
du Nouveau-Monde, Persifleur de la foi (a), Provocateur du
désordre et de la guerre civile en Haïti, et., et., etc.

(1) Des paroles de paix portées par M. Vastey ne valent
pas mieux que la peste apportée par des balles de coton.

(2) Mon compatriote me pardonnera de placer mon nom le
premier ; c'est pour me conformer à l'ordre établi par M. Vastey.

(a) *Le Défenseur de la foi*, Henry Ier, ne s'est pas contenté de changer de
Religion, mais il veut aussi que les malheureux condamnés à vivre sous sa
Benigne Domination suivent son exemple ; et Dieu sait ce qui leur en arri-
vera s'ils tiennent à la Religion de leurs pères !...

7.

Si au lieu de prétendre que nous avons des craintes et des terreurs, le noble Baron eût dit, en laissant subsister la réticence, que nous éprouvons du dégoût et de l'horreur, nous l'eussions compris, et il n'eût pas fallu être bien sorcier pour le comprendre. Mais comme il n'a pas dit cela et que nous n'aimons pas les réticences dont le sens est au-dessus de notre conception, nous l'invitons à vouloir bien s'expliquer un peu plus *catégoriquement*, après quoi nous lui adresserons nos remerciemens, comme de raison. En attendant, examinons encore un point qui nous concerne, et qui touche assez étroitement notre amour-propre pour que nous ne le passions pas sous silence.

M. Vastey nous accuse, M. Milscent et moi, d'être des *têtes exaltées, volcanisées*. C'est en vérité ce dont nous ne nous doutions guère. Nous ne lui contesterons cependant pas qu'il existe des têtes *exaltées, volcanisées*; mais nous avions quelque raison de croire que les nôtres n'étaient pas dans cette CATÉGORIE (1). Au surplus, comme nous savons que le noble Baron a une tête très-saine, très-rassie, d'où sortent des idées très-lumineuses, des idées qui sont la lucidité même, et que nous ne demandons pas mieux que de nous amender, nous le prierons de vouloir bien nous faire connaître la merveilleuse recette dont il fait usage pour donner un si grand calme à ses sens et à ses esprits.

---

(1) J'espère que ce mot a frappé assez souvent les oreilles de M. le Baron pour qu'il soit familiarisé avec lui et pour qu'il ne lui trouve pas un sens diabolique comme à celui d'*omniscience*.

Quelqu'un, qui a connu assez particulièrement Christophe, nous a assuré qu'il ne dit pas quatre mots sans proférer celui de *catégorie*. Comment M. Vastey, qui a jugé à propos de faire connaître aux générations futures, que ce *grand* homme *mange vite, n'aime pas les médecines* et beaucoup d'autres choses de cette importance, n'a-t-il pas jugé à propos de leur faire connaître aussi que le mot catégorie souriait agréablement à son maître? Son silence, sur ce point, est un véritable larcin qu'il fat à la postérité, et pour lequel elle sera en droit de lui faire de graves reproches.

M. Vastey nous a dit que les grands hommes, comme son maître, ont des *contrastes* dans le caractère, et il nous en fournit lui-même plus d'une bonne preuve dans le dernier ouvrage dont il vient d'enrichir le domaine de l'histoire; car, malgré tout le *calme de ses sens et de ses esprits*, il s'est laissé aller quelquefois, dans cet important ouvrage, à des sentimens qui ne sont pas toujours très-charitables. S'il connaît l'évangile, il n'en suit guère les préceptes : il ne peut pardonner ni aux personnes qu'il n'aime pas, ni aux choses qui le blessent. Aucun des objets auxquels se rattachent des souvenirs précieux pour nous ne peut se soustraire à sa critique amère. Toujours armé de l'impitoyable férule, sans cesse il se démène, il s'agite, et quand il ne trouve point où frapper, nouveau Bellérophon, il se crée des chimères pour les combattre. C'est ainsi qu'il a découvert des vices radicaux dans nos lois fondamentales et dans nos institutions. Animé d'un beau zèle pour l'autocratie, il ne voit dans les unes et dans les autres que le germe d'une démocratie orageuse; que le germe de l'anarchie et de la destruction. Après avoir pesamment commenté notre Constitution, et avoir prouvé, *à sa manière*, que c'est un chef-d'œuvre d'ineptie et d'absurdité, il s'attaque à notre gouvernement et se déchaîne contre lui avec tout le délire de la rage et de l'audace. « *Vous croyez avoir un Gouvernement*, nous dit-il d'un ton d'inspiré, *et vous n'avez qu'un avorton de République, dont les lois n'ont point assez de vigueur pour réprimer les abus, pour empêcher la licence* ». Oh! pour le coup, vous poussez les choses trop loin, M. le Baron, et en conscience je suis forcé de vous dire, avec tout le respect que je dois à vos éminentes qualités, que vous êtes un impudent menteur et le plus impudent menteur qu'on ait jamais vu. La licence ne règne point parmi nous; nous jouissons d'une sage liberté, dans le cercle de laquelle sont renfermés nos droits, nos devoirs et nos obligations, et notre République n'est point du tout un

avorton ; c'est au contraire un Gouvernement bien organisé , établi sur des bases bien solides et bien sages ,
dont la marche est très-régulière , et qui a toute la
force et toute l'action nécessaires pour réprimer les abus,
empêcher la licence , et garantir à tous les citoyens la
jouissance pleine et entière de leurs droits. M. Vastey
sait aussi bien que qui ce soit tout cela , et c'est
parce qu'il le sait bien , qu'il ne peut en douter,
que sa bile s'échauffe , entre en fermentation et qu'il
éprouve le besoin de la répandre.

Si nous n'avions pas un véritable dégoût pour les
misérables arguties dans lesquelles notre adversaire se
renferme pour diriger son système d'attaque , nous
pourrions , après avoir fait voir combien tout ce que
ce déloyal et irascible ennemi dit de nos institutions
et de notre gouvernement est faux et calomnieux, prouver que le sien , qu'il regarde comme si parfait, n'est
fondé sur aucun principe d'équité et de justice ; que
sa prétendue monarchie porte en elle-même tous les
ferments de la corruption et de la dissolution, par cela
même que le despotisme en a tendu tous les ressorts ;
que l'arbitraire seul en fait mouvoir tous les rouages,
et qu'enfin c'est une bachalic , ou plutôt une véritable
Utopie ; mais c'est chose si connue partout où le nom du
premier Monarque couronné du Nouveau-Monde a été
révélé qu'il deviendrait surabondant d'en administrer ici
de nouvelles preuves.

Il est temps de nous arrêter dans notre course.
Nous pensons en avoir assez dit pour que l'on puisse
apprécier à leur juste valeur et la personne de Monsieur Vastey et l'écrit avec lequel il vient de moissonner de nouveaux lauriers dans le champ de la gloire.
D'autres plus habiles et plus exercés que nous dans les
discussions polémiques (1), pourront faire mieux res-

---

(1) Cette réplique est notre début dans les discussions de ce
genre. Nous avons assurément autant de répugnance pour ces
combats littéraires que le noble Baron ; mais il ne nous a pas
laissé l'alternative de garder le silence ou de lui répondre.

Pour que je me fasse comprendre ici de tout le monde , je dois

sortir que nous ne l'avons fait les inepties, les turpitudes, les contradictions, les fausses inductions, les
impostures qui servent de cortége à la passion de
M. Vastey, et qui se rencontrent si souvent dans le
livre destiné à transmettre son nom à nos neveux.

Résumons-nous actuellement, afin de sortir de ce
bourbier fangeux, que nous présente d'un bout à l'autre l'ouvrage sur quelques points duquel nous avons
établi une rapide discussion. Nous avons prouvé, nous
le pensons du moins, que cet écrit ne porte, en aucune manière, un caractère historique, parce que, en
général, il ne repose que sur des faits manifestement
faux ; qu'il ne s'appuie que sur des mensonges, des
calomnies et des injures. Nous avons fait voir que le

---

dire que le noble Vastey, dans le discours d'introduction de
l'écrit dont nous nous occupons (discours qui ferait à lui seul
un libelle d'une honnête épaisseur), déclare qu'il n'a jamais
aimé à s'escrimer avec la plume (a). Dans le même discours
il déclare aussi qu'il est devenu écrivain comme Sganarelle était
devenu Médecin, c'est-à-dire malgré lui. Je ne sais si beaucoup
de monde croira ici M. Vastey sur parole. Quant à moi, j'avoue
que, quelque respect que j'aie pour son témoignage, j'ai peine
à concevoir qu'il ait fait tant d'efforts d'imagination, *et une si
grande dépense de science et d'érudition ;* qu'il ait consenti à
enrichir la littérature d'une foule de productions *étincelantes
d'esprit et de beautés du premier ordre,* sans avoir éprouvé
quelque velléité de voir son nom figurer parmi ceux des hommes
de lettres dont notre siècle s'honore. Mon incrédulité ne va pourtant pas jusqu'au point de prétendre qu'il n'existe aucune analogie
entre la cause déterminante qui a donné à Haïti un Historien, *dont
elle a tant de motifs de se glorifier,* et celle qui a rendu Sganarelle
Médecin. Ce brave bûcheron, comme on sait, n'est devenu disciple
d'Hypocrate qu'après avoir éprouvé une avanie qu'un homme
d'honneur n'avoue pas volontiers ; il est très-possible que le
sensible Henry qui, ainsi qu'on l'a remarqué, est *très-vif* et
très-impétueux et qui, de plus, a des CONTRASTES dans le caractère, ait cru devoir user du même moyen pour faire accou-
cher le génie de M. Vastey. Il arrive tous les jours dans le
monde des choses plus extraordinaires que cela.

(a) Quelque croyable que soit M. Vastey, je pense que peu de personnes
voudront garantir la sincérité de cet aveu, surtout si elles ont été à même
d'avoir un échantillon de son inépuisable faconde.

verbeux Vastey, avec toutes les prétentions au bel-esprit, manque des premières données du bon sens; que ses raisonnemens ne sont qu'un continuel sophisme dont tout l'artifice consiste à ne montrer les objets que de côté et dans un faux jour. Nous avons fait voir aussi sous l'inspiration de quelle passion, cet infatigable narrateur a continuellement écrit; quels sont ses projets, ses vues, ses desseins, ses espérances : conséquemment quel est le but direct de son livre. Personne ne pourra s'y méprendre; personne ne doutera que le Sieur Vastey n'ait voulu jeter de la défaveur sur quelques Citoyens connus par leur civisme et leur dévouement à leur pays; qu'il n'ait eu la sacrilège intention de flétrir la mémoire du digne fondateur de nos institutions pour avoir occasion de saper les bases de notre édifice social; personne ne doutera qu'il n'ait eu la coupable pensée et le ridicule espoir de surprendre la religion de quelques Citoyens auxquels il a supposé assez peu de sens pour n'être pas en garde contre ses sophismes; qu'en un mot il n'ait voulu relâcher les liens qui unissent les haïtiens de la République; liens indissolubles par tant de considérations, dont la plus forte, sans contredit, est l'horreur que nous inspire la tyrannie et ceux qui s'en rendent les fauteurs. Qu'on nous permette de le dire encore une fois : nous ne nous sommes point attachés, dans cet écrit, à discuter un grand nombre des faits avancés par M. Vastey, pour en démontrer la fausseté, et opposer sur toutes choses la vérité au mensonge, parce qu'il n'entrait point dans le plan de cette réplique de nous livrer à un travail aussi long et aussi fastidieux. Il nous suffit d'avoir prouvé que quelques-uns de ces faits sont controuvés, que c'est sur ceux-là principalement que repose le système d'attaque de notre adversaire, pour que nous soyons en droit de penser que nous avons assez fait pour détruire l'échafaudage d'imputations et de mensonges qui lui sert comme de retranchement pour faire jouer toutes ses batteries.

Une réflexion se présente naturellement ici à notre esprit. Après toutes les tentatives que Christophe a faites pour semer la discorde parmi nous, et dont il n'a jamais recueilli que honte et confusion, est-il concevable qu'il ose faire encore de nouveaux essais dans l'espoir d'obtenir le résultat qu'il désire ? Comment peut-il feindre d'ignorer que plus que jamais nous abhorrons son despotisme ; que plus que jamais nous reconnaissons la nécessité de nous armer de tous les moyens qui sont en notre pouvoir pour déjouer ses manœuvres machiavéliques, pour repousser ses tentatives criminelles ; que nous ne formons véritablement qu'un peuple de frères, dont les intérêts de tous se lient à un centre commun ; que nous n'agissons que par l'impulsion du même sentiment ; que par le concours de la même volonté, de la même intention ; que nous sommes tous prêts à faire le sacrifice de ce que nous avons de plus cher, de notre existence même, s'il le fallait, pour le maintien de notre Indépendance et du Gouvernement paternel sous le régime duquel nous jouissons de la paix, du bonheur, de la tranquillité et de tous les avantages que l'on peut raisonnablement espérer. Cependant, c'est à la faveur d'assertions qui tendent à détruire ces vérités, que Christophe croit pouvoir, par l'organe de son premier Valet en titre d'office, l'ingénu Vastey, nous faire prendre le change sur nos véritables intérêts ; qu'il croit nous faire perdre le souvenir de tout le sang innocent qu'il a répandu et de tous les crimes qu'il a commis.

Quand on examine de sang-froid, ce qui n'est pas toujours facile de faire, la conduite de Christophe ; qu'on remarque le point d'où il est parti et celui où il est arrivé, et comment il a rempli l'intervalle des deux, on est réellement tenté de croire que cet homme est soumis à l'empire de quelque mauvais Génie, de quelque Démon qui l'obsède, qui offusque sa raison et le fait agir contre ses propres intérêts. En effet, vit-on jamais à-la-fois plus d'inconséquences, de maladresse, de sottises; plus de fausses mesures prises, de tentatives hasardées imprudemment, que nous en offre la conduite du héros de Sans-Souci (1). Dans une petite brochure que nous avons publiée, il y a environ deux ans, nous avons signalé quelques traits saillans de sa vie; quelques exemples de son inexpérience et de son impéritie, qui viennent à l'appui de ce que nous sortons d'avancer. Nous n'avons pas dit sur ce qui le concerne la millième partie de ce qu'il y avait à dire. Celui qui écrira la vie de Christophe se pourvoira, sans doute, de tous les documens nécessaires pour ne rien omettre à cet égard. Pour nous, las de nous traîner sur un sujet rebutant; fatigué de porter nos regards sur des scènes qui affligent l'âme, sur des scènes de crimes, de destruction et de deuil, nous désirons de n'être plus obligés de prendre la plume pour retracer des actions qui donnent une si affreuse célébrité aux noms de Christophe et de Vastey. Si la passion de ces deux fougueux ennemis de notre patrie les domine sur leur véritable intérêt, et qu'ils reviennent encore à la charge, nous saurons leur répondre et jeter un plus grand jour que nous ne l'avons fait sur leurs exploits sanguinaires, en attendant que le temps, ce juge incorruptible, qui démasque tôt ou tard les calomniateurs et les méchants, vienne les couvrir de confusion et de honte, et leur prouver la vérité de cette maxime: *Eos qui malè agunt, solet pœnitere.*

FIN.

---

(1) *Sans-Souci* est le palais où Christophe fait habituellement sa résidence.